Easy Chinese

全新版華語 2

習作A本

目次

一 上學

訂正

生字	頭	跑	老	頑	們
注音	ㄊㄡˊ	ㄆㄠˇ	ㄌㄠˇ	ㄨㄢˊ	˙ㄇㄣ
部首	頁	足	老	頁	人
筆畫	16	12	6	13	10

生字練習：頭 跑 老 頑 們

詞語練習

詞語	注音
頭上	ㄊㄡˊ ㄕㄤˋ
跑走	ㄆㄠˇ ㄗㄡˇ
老人	ㄌㄠˇ ㄖㄣˊ
頑皮	ㄨㄢˊ ㄆㄧˊ
我們	ㄨㄛˇ ˙ㄇㄣ

(一)圈一圈：

請把ㄠ韻的字圈起來。

(二)選一選

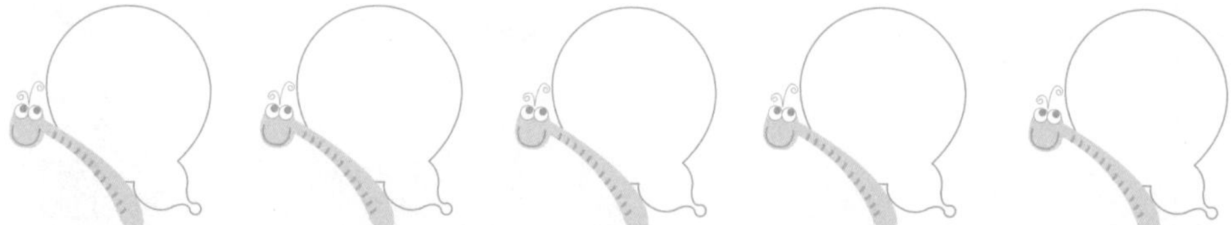

1. 我天天上學(①早 ②晚)。
2. 我到學校像(①小馬 ②小鳥)一樣叫哇叫。
3. 老師看到我(①點點頭 ②搖搖頭)。
4. 我們是(①頑皮 ②討厭)家族。
5. 學校是我們的(①街 ②家)。

二 我的學校好

訂正

生字	學 ㄒㄩㄝˊ	樹 ㄕㄨˋ	校 ㄒㄧㄠˋ	同 ㄊㄨㄥˊ	高 ㄍㄠ
部首	子	木	木	口	高
筆畫	16	16	10	6	10
生字練習	學	樹	校	同	高

詞語練習					
	學叫	樹木	校門	同學	高音
	學 ㄒㄩㄝˊ 叫 ㄐㄧㄠˋ	樹 ㄕㄨˋ 木 ㄇㄨˋ	校 ㄒㄧㄠˋ 門 ㄇㄣˊ	同 ㄊㄨㄥˊ 學 ㄒㄩㄝˊ	高 ㄍㄠ 音 ㄧㄣ
	。	。	。	。	。
	。	。	。	。	。

(一)念一念：填上注音符號，並把相同韻符的字連起來。

好　樹　拉　起　歌　頑

五　著　南　跑　皮　媽

(二) 句子練習

……有……還有

學校裡有大樹，還有小草。

……是……也是

我是學生，你也是學生。

三　上課和下課

訂正

生字	告	滑	球	拿	課	書
注音	ㄍㄠˋ	ㄏㄨㄚˊ	ㄑㄧㄡˊ	ㄋㄚˊ	ㄎㄜˋ	ㄕㄨ
部首	口	水	玉	手	言	曰
筆畫	7	13	11	10	15	10

生字練習

告　滑　球　拿　課　書

詞語練習

告訴	滑梯	拍球	拿出	上課	看書
ㄍㄠˋ ㄙㄨˋ	ㄏㄨㄚˊ ㄊㄧ	ㄆㄞ ㄑㄧㄡˊ	ㄋㄚˊ ㄔㄨ	ㄕㄤˋ ㄎㄜˋ	ㄎㄢˋ ㄕㄨ
。	。	。	。	。	。
。	。	。	。	。	。

(一)寫一寫：把下面的字挑出來，寫在□裡。

用嘴的動作

用手的動作

用腳的動作

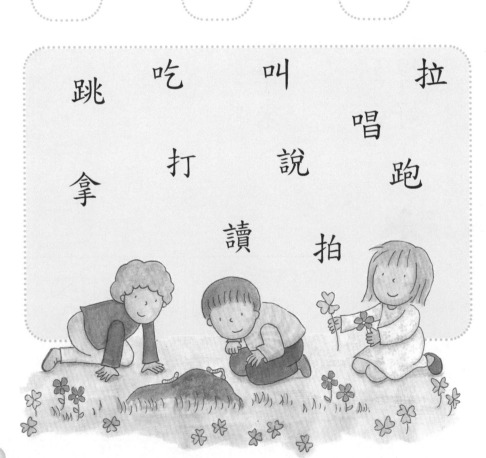

拉　叫　吃　跳　唱　跑　說　打　拿　讀　拍

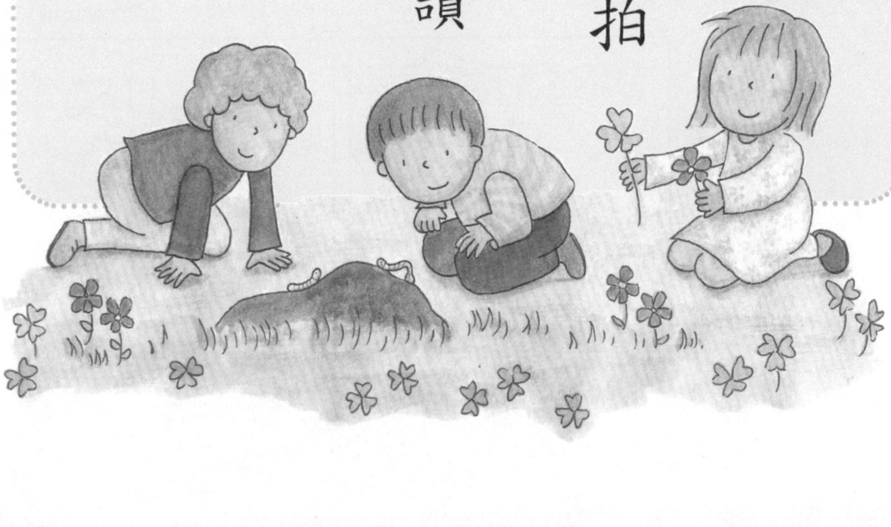

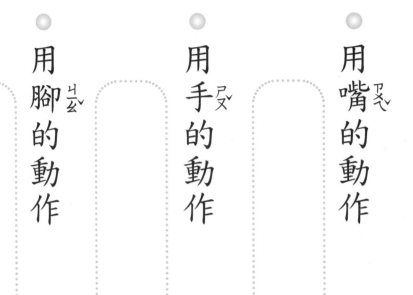

(二) 句子練習：照著圈起來的詞語照樣造句。

我們一起讀書。

（　　　　　　　　）

我拿出書來，也拿出筆來。

（　　　　　　　　）

你告訴我，我的球拍得好。

（　　　　　　　　）

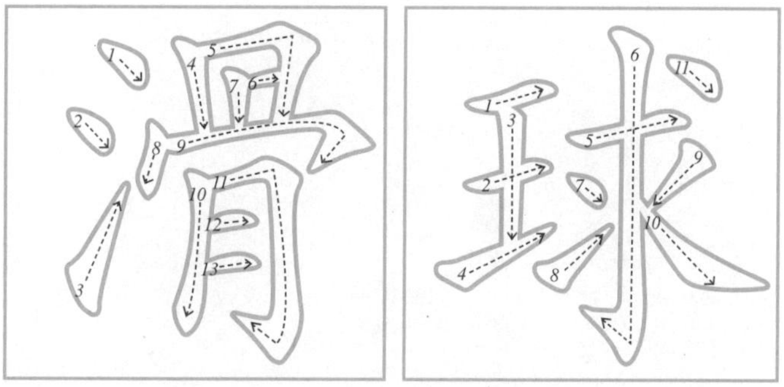

四 雪(ㄒㄩㄝˇ)人(ㄖㄣˊ)

訂正

生字

生字	片	坐	雪	房	對
注音	ㄆㄧㄢˋ	ㄗㄨㄛˋ	ㄒㄩㄝˇ	ㄈㄤˊ	ㄉㄨㄟˋ
部首	片	土	雨	戶	寸
筆畫	4	7	11	8	14

生字練習

片 坐 雪 房 對

詞語練習

詞語	注音
一片	一ˊ ㄆㄧㄢˋ
坐著	ㄗㄨㄛˋ ˙ㄓㄜ
雪地	ㄒㄩㄝˇ ㄉㄧˋ
房子	ㄈㄤˊ ˙ㄗ
不對	ㄅㄨˊ ㄉㄨㄟˋ

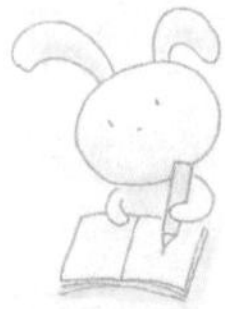

(一) 填填看（ㄊㄧㄢˊ ㄊㄧㄢˊ ㄎㄢˋ）

1. ＿＿的雪花不停的下著。

2. ＿＿的雪地上有一隻小鳥。

3. 雪人＿＿對我笑。

4. ＿＿的大樹也變白了。

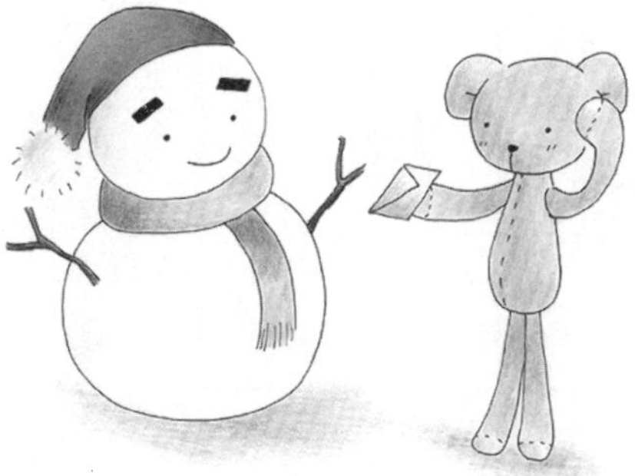

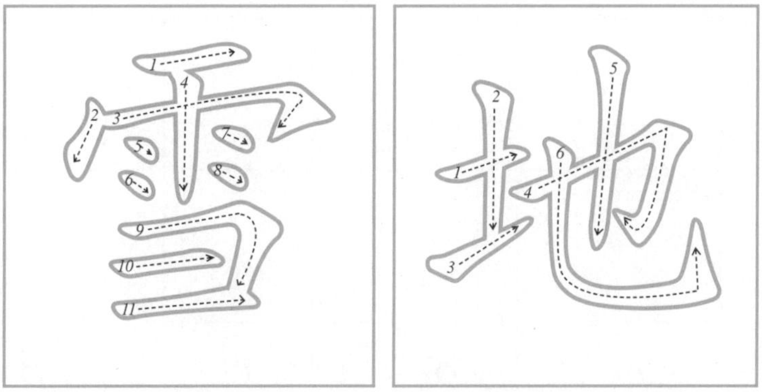

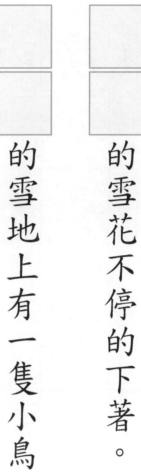

(二) 連一連

1. 房子變白
2. 雪人坐著
3. 大樹好高
4. 奶奶上街

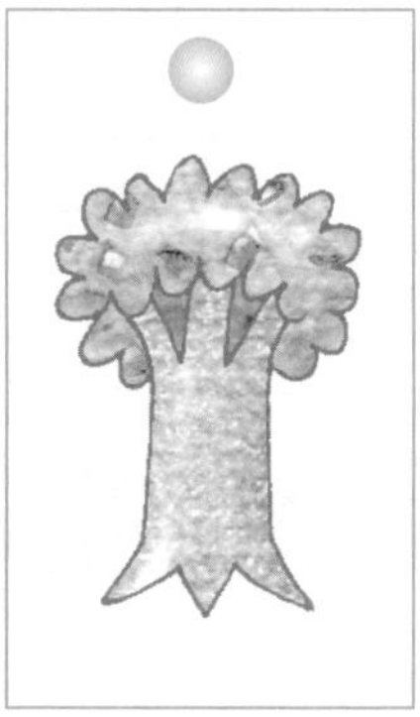

五ㄨˇ 耶ㄧㄝ誕ㄉㄢˋ樹ㄕㄨˋ

訂ㄉㄧㄥˋ正ㄓㄥˋ

生ㄕㄥ字ㄗˋ	耶 ㄧㄝ	誕 ㄉㄢˋ	棵 ㄎㄜ	包 ㄅㄠ	禮 ㄌㄧˇ	燈 ㄉㄥ
部ㄅㄨˋ首ㄕㄡˇ / 筆ㄅㄧˇ畫ㄏㄨㄚˋ	耳ㄦˇ / 9	言ㄧㄢˊ / 15	木ㄇㄨˋ / 12	勹ㄅㄠ / 5	示ㄕˋ / 17	火ㄏㄨㄛˇ / 16
生ㄕㄥ字ㄗˋ練ㄌㄧㄢˋ習ㄒㄧˊ	耶	誕	棵	包	禮	燈

詞ㄘˊ語ㄩˇ練ㄌㄧㄢˋ習ㄒㄧˊ

耶ㄧㄝ誕ㄉㄢˋ	誕ㄉㄢˋ生ㄕㄥ	一ㄧˋ棵ㄎㄜ	書ㄕㄨ包ㄅㄠ	有ㄧㄡˇ禮ㄌㄧˇ	紅ㄏㄨㄥˊ燈ㄉㄥ
。	。	。	。	。	。
。	。	。	。	。	。

(一) 連一連：把意思相反的詞連起來。

1. 外面	後面
2. 前面	很熱
3. 很冷	大哭
4. 大笑	樹上
5. 樹下	裡面

房子的前面後面都有花。

很冷很熱的天，我都不喜歡。

他一下子大哭，一下子大笑。

樹上樹下都有小鳥。

客廳裡面外面都有人。

(二) 照樣寫寫看

例：一閃一閃的小燈。一朵一朵的白雲。

1. 一（　　）一（　　）的禮物

2. 一（　　）一（　　）的小樹

3. 一（　　）一（　　）的西瓜

4. 一（　　）一（　　）的石子

5. 一（　　）一（　　）的雪花

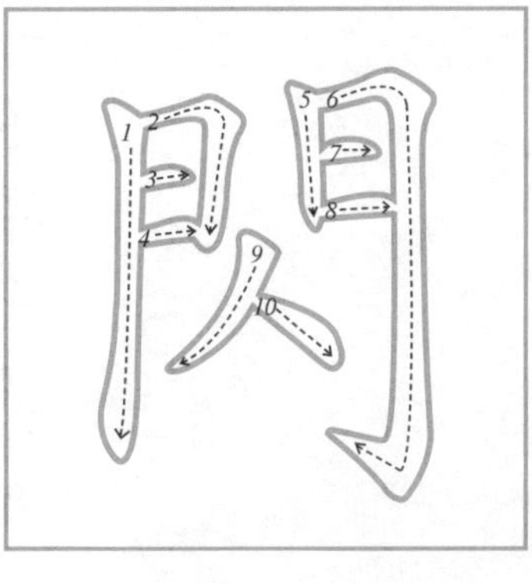

六ㄌㄧㄡˋ　新ㄒㄧㄣ年ㄋㄧㄢˊ到ㄉㄠˋ

訂ㄉㄧㄥˋ正ㄓㄥˋ

生ㄕㄥ字ㄗˋ

生字	新 ㄒㄧㄣ	年 ㄋㄧㄢˊ	恭 ㄍㄨㄥ	喜 ㄒㄧˇ	街 ㄐㄧㄝ
部ㄅㄨˋ首ㄕㄡˇ	斤 ㄐㄧㄣ	干 ㄍㄢ	心 ㄒㄧㄣ	口 ㄎㄡˇ	行 ㄒㄧㄥˊ
筆ㄅㄧˇ畫ㄏㄨㄚˋ	13	6	10	12	12

生ㄕㄥ字ㄗˋ練ㄌㄧㄢˋ習ㄒㄧˊ

新　年　恭　喜　街

詞ㄘˊ語ㄩˇ練ㄌㄧㄢˋ習ㄒㄧˊ

新ㄒㄧㄣ年ㄋㄧㄢˊ。

過ㄍㄨㄛˋ年ㄋㄧㄢˊ。

恭ㄍㄨㄥ喜ㄒㄧˇ。

喜ㄒㄧˇ歡ㄏㄨㄢ。

上ㄕㄤˋ街ㄐㄧㄝ。

歡ㄏㄨㄢ

。　。　。　。　。

(一)圈一圈：請把有動作的字圈起來。

掛	看	爺	樹
高	舞	房	拿
紅	星	爸	笑
捶	物	說	冷

(二) 時間餅：

放寒假了，選一天時間，安排你的生活。

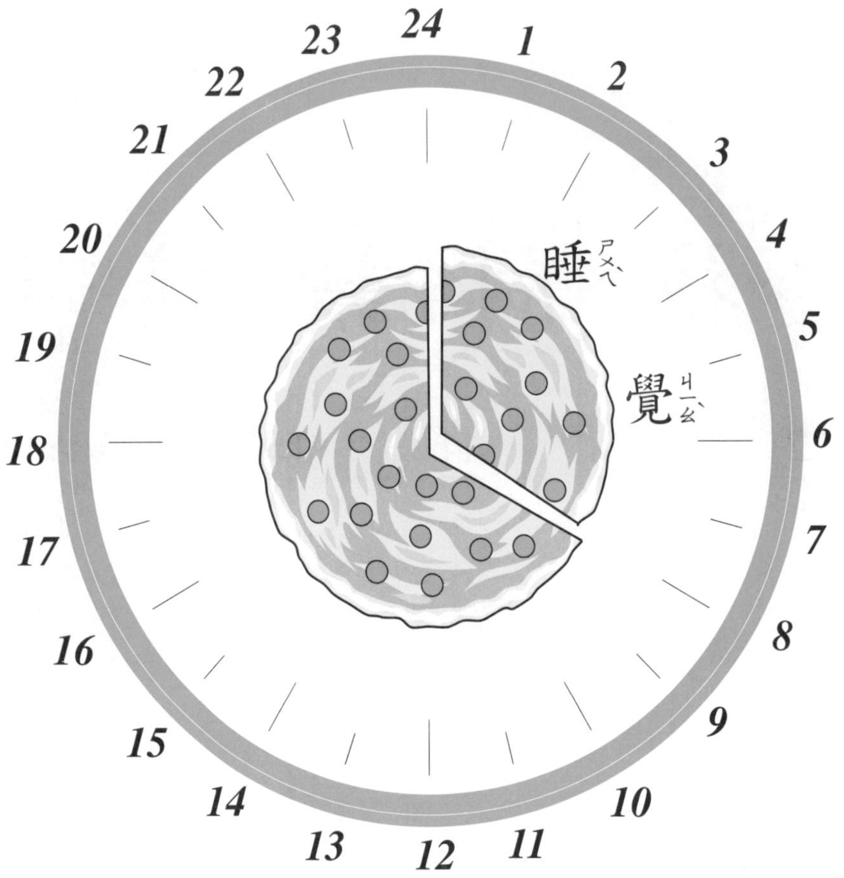

1. 一天有二十四小時。
2. 睡覺休息（　　）小時。
3. （　　）小時。
4. （　　）小時。
5. （　　）小時。
6. （　　）小時。

七 打電話

訂正

生字

生字	注音	部首	筆畫
接	ㄐㄧㄝ	手	11
請	ㄑㄧㄥˇ	言	15
問	ㄨㄣˋ	口	11
找	ㄓㄠˇ	手	7
飯	ㄈㄢˋ	食	12
以	ㄧˇ	人	5

生字練習

接 請 問 找 飯 以

詞語練習

詞語	注音
接球	ㄐㄧㄝ ㄑㄧㄡˊ
請客	ㄑㄧㄥˇ ㄎㄜˋ
問話	ㄨㄣˋ ㄏㄨㄚˋ
找人	ㄓㄠˇ ㄖㄣˊ
吃飯	ㄔ ㄈㄢˋ
可以	ㄎㄜˇ ㄧˇ

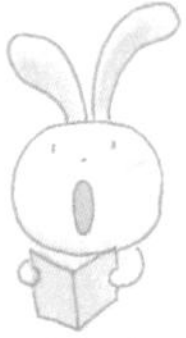

（一）**詞語接龍：**不會的字可以注音。

人　到　空　盒

吃飯	請問	記得	明天
飯（　　）	問（　　）	得（　　）	天（　　）
（　　）	（　　）	（　　）	（　　）
（　　）	（　　）	（　　）	（　　）

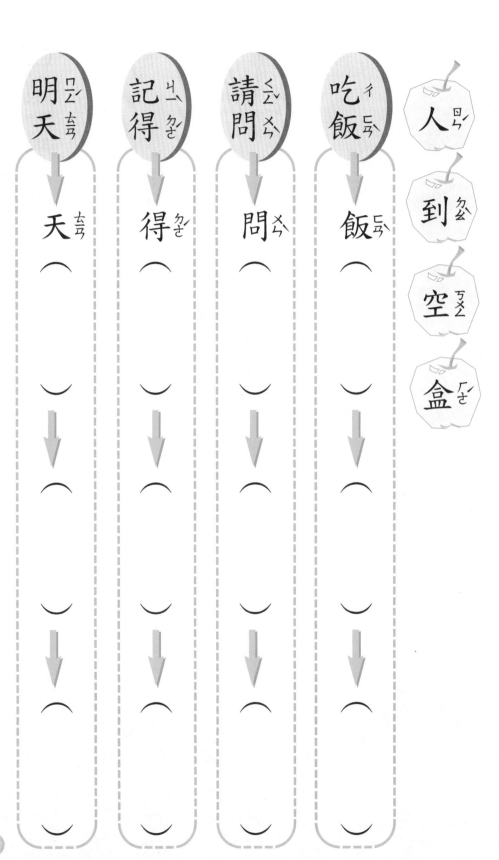

(二) 填一填：看圖填入詞語，完成句子。

請問

小安在家嗎？

樹上有（　　　）嗎？

田裡有（　　　）嗎？

八（ㄅㄚ）排（ㄆㄞˊ）隊（ㄉㄨㄟˋ）

訂（ㄉㄧㄥˋ）正（ㄓㄥˋ）

生（ㄕㄥ）字（ㄗˋ）	超	買	青	排	結	要
注音	ㄔㄠ	ㄇㄞˇ	ㄑㄧㄥ	ㄆㄞˊ	ㄐㄧㄝˊ	ㄧㄠˋ
部（ㄅㄨˋ）首（ㄕㄡˇ）	走（ㄗㄡˇ）	貝（ㄅㄟˋ）	青（ㄑㄧㄥ）	手（ㄕㄡˇ）	糸（ㄇㄧˋ）	襾（ㄧㄚˋ）
筆（ㄅㄧˇ）畫（ㄏㄨㄚˋ）	12	12	8	11	12	9

生（ㄕㄥ）字（ㄗˋ）練（ㄌㄧㄢˋ）習（ㄒㄧˊ）

超	買	青	排	結	要

詞（ㄘˊ）語（ㄩˇ）練（ㄌㄧㄢˋ）習（ㄒㄧˊ）

超（ㄔㄠ）市（ㄕˋ）	買（ㄇㄞˇ）花（ㄏㄨㄚ）	青（ㄑㄧㄥ）山（ㄕㄢ）	牛（ㄋㄧㄡˊ）排（ㄆㄞˊ）	結（ㄐㄧㄝˊ）果（ㄍㄨㄛˇ）	不（ㄅㄨˋ）要（ㄧㄠˋ）
。	。	。	。	。	。
。	。	。	。	。	。

(一) 選一選：意思相同的畫○，不同的畫×。

1. □
   - 媽媽上超市買東西。
   - 媽媽到超市買東西。

2. □
   - 下次我不會忘記。
   - 下次我會記得。

3. □
   - 我們排在一起結賬。
   - 我們要一起結賬。

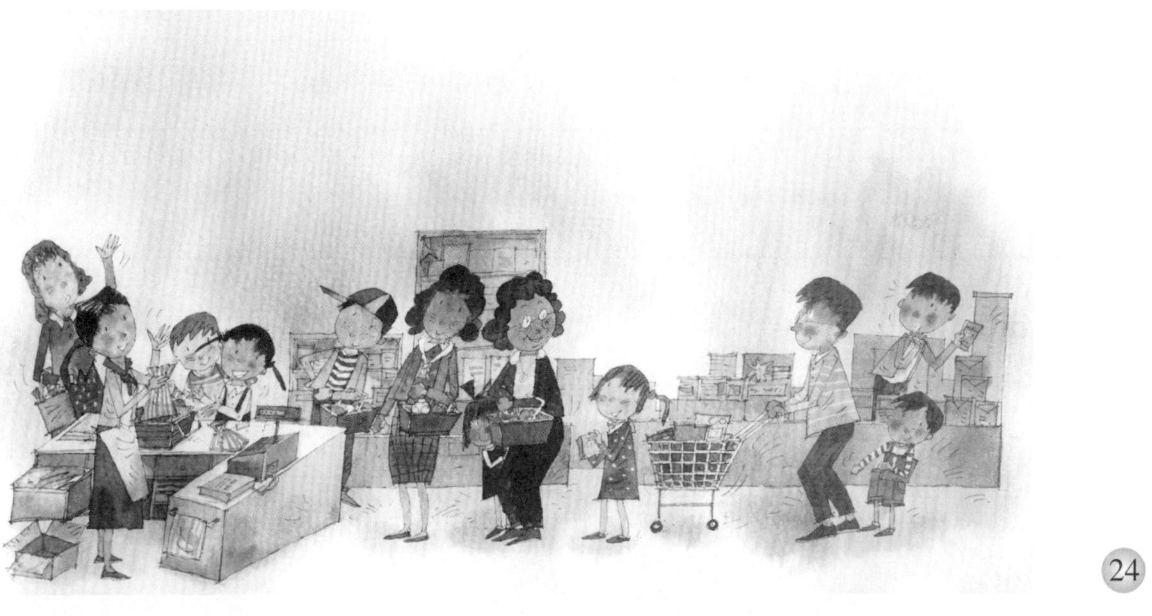

(二) 看圖寫一寫

1. 媽媽買了很多（　　　）。

2. 樹上長滿了（　　　）。

3. 妹妹吵著要喝（　　　）。

4. 小牛吃（　　　）。

5. 我在客廳（　　　）。

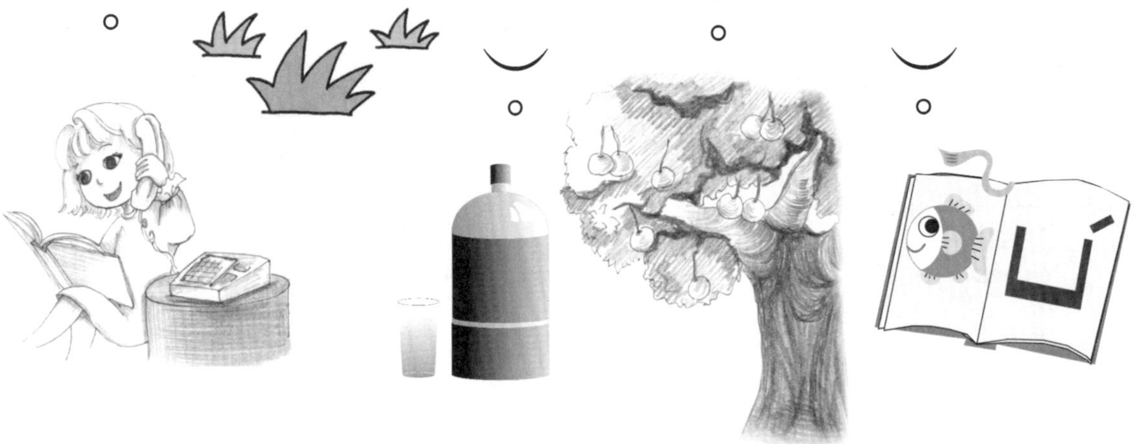

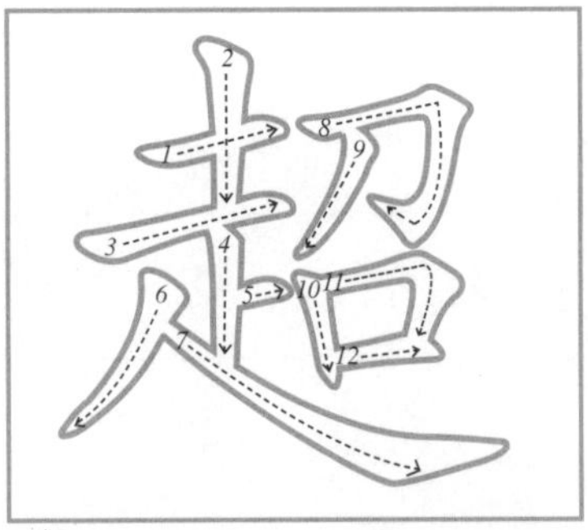

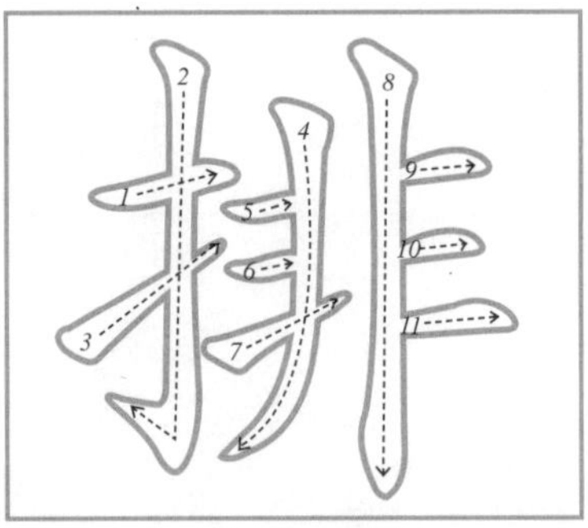

九 請朋友吃飯

訂正

生字

生字	朋（ㄆㄥˊ）	想（ㄒㄧㄤˇ）	菜（ㄘㄞˋ）	每（ㄇㄟˇ）	只（ㄓˇ）	都（ㄉㄡ）
部首	月	心	艸	毋	口	邑
筆畫	8	13	12	7	5	11

生字練習

朋 想 菜 每 只 都

詞語練習

朋友（ㄆㄥˊ ㄧㄡˇ）	想人（ㄒㄧㄤˇ ㄖㄣˊ）	吃菜（ㄔ ㄘㄞˋ）	每天（ㄇㄟˇ ㄊㄧㄢ）	只有（ㄓˇ ㄧㄡˇ）	都要（ㄉㄡ ㄧㄠˋ）
。	。	。	。	。	。
。	。	。	。	。	。

(一) 圈一圈：看圖圈出正確的答案。

眼睛，耳朵

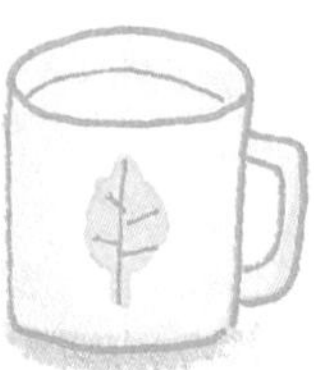

汽水，氣球

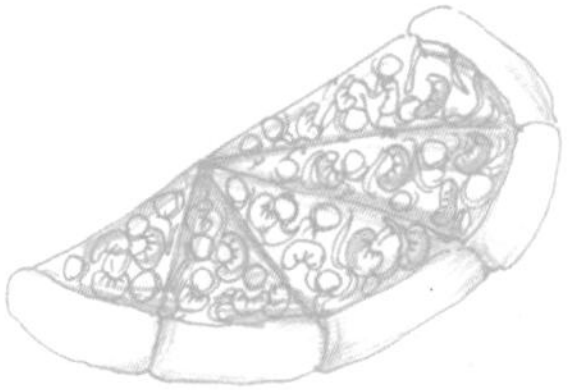

一個，一半

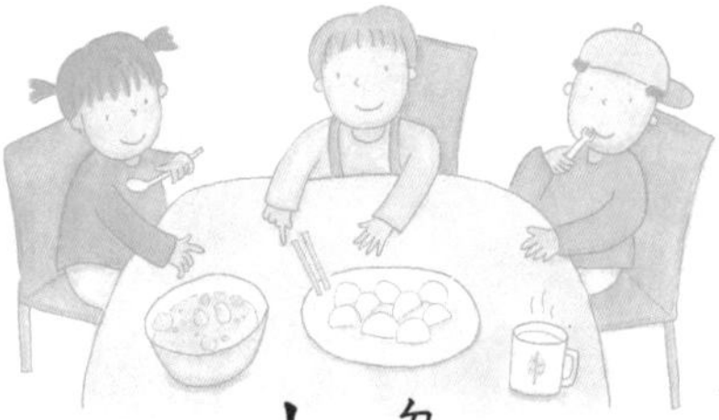

打球，吃飯

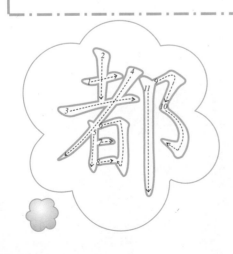

每

都

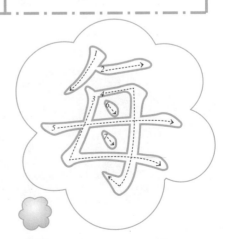

(二) 選一選：選詞填入空格中，再讀出句子。

怎麼	心裡想	東看西看	喜歡	都

1. 我最＿＿＿＿看電影。
2. 請問這個字＿＿＿＿寫？
3. 李子和西瓜我＿＿＿＿喜歡吃。
4. 小安＿＿＿＿，不知道在看什麼。
5. 哥哥＿＿＿＿：天黑了，我要回家了！

十(ㄕˊ) 麻(ㄇㄚˊ)雀(ㄑㄩㄝˋ)

訂(ㄉㄧㄥˋ)正(ㄓㄥˋ)						
生(ㄕㄥ)字(ㄗˋ)	群(ㄑㄩㄣˊ)	麻(ㄇㄚˊ)	茶(ㄔㄚˊ)	吱(ㄓ)	哈(ㄏㄚ)	泡(ㄆㄠˋ)
部(ㄅㄨˋ)首(ㄕㄡˇ)	羊(ㄧㄤˊ)	麻(ㄇㄚˊ)	艸(ㄘㄠˇ)	口(ㄎㄡˇ)	口(ㄎㄡˇ)	水(ㄕㄨㄟˇ)
筆(ㄅㄧˇ)畫(ㄏㄨㄚˋ)	13	11	10	7	9	8
生(ㄕㄥ)字(ㄗˋ)練(ㄌㄧㄢˋ)習(ㄒㄧˊ)	群	麻	茶	吱	哈	泡

詞(ㄘˊ)語(ㄩˇ)練(ㄌㄧㄢˋ)習(ㄒㄧˊ)	一(ㄧˋ)群(ㄑㄩㄣˊ)	麻(ㄇㄚˊ)雀(ㄑㄩㄝˋ)	茶(ㄔㄚˊ)包(ㄅㄠ)	吱(ㄓ)喳(ㄓㄚ)	嘻(ㄒㄧ)哈(ㄏㄚ)	泡(ㄆㄠˋ)茶(ㄔㄚˊ)
	。	。	。	。	。	。
	。	。	。	。	。	。

(一) 圈一圈（ㄑㄩㄢ ㄧˋ ㄑㄩㄢ）

1. 圈出口部的字（ㄑㄩㄢ ㄔㄨ ㄎㄡˇ ㄅㄨˋ ˙ㄉㄜ ㄗˋ）

雀　吃　心　嘻
哈　茶　吱

2. 圈出言部的字（ㄑㄩㄢ ㄔㄨ ㄧㄢˊ ㄅㄨˋ ˙ㄉㄜ ㄗˋ）

訴　群　話
有　說　記

(二) 注音（ㄓㄨˋ ㄧㄣ）

1. 哈哈（　　）笑（ㄒㄧㄠˋ）

2. 泡泡（　　）茶（ㄔㄚˊ）

3. 麻（ㄇㄚˊ）雀（　　）

4. 嘻嘻（　　）哈（ㄏㄚ）哈（ㄏㄚ）

(三) 變變變：寫下變出的字。

1. 水＋包＝□
2. 木＋目＝□
3. 山＋山＝□
4. 水＋可＝□
5. 口＋支＝□
6. 口＋查＝□

(四) 寫一寫：不會的字可以注音。

1. 綠綠的樹

（　　）的太陽

黃黃的（　　）

2. 泡泡茶

拍拍（　　）

（　　）書

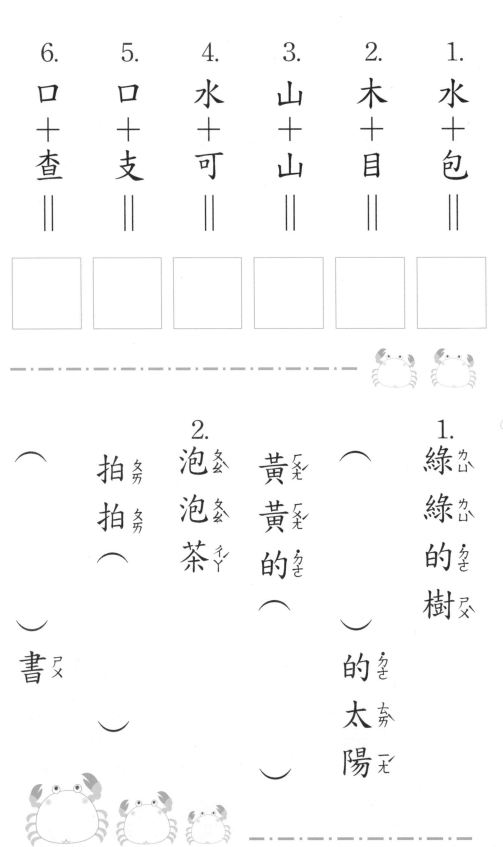

十一 房子

訂正						
生字	住 ㄓㄨˋ	樓 ㄌㄡˊ	平 ㄆㄧㄥˊ	歡 ㄏㄨㄢ	爬 ㄆㄚˊ	屋 ㄨ
部首／筆畫	人 7	木 15	干 5	欠 22	爪 8	尸 9
生字練習	住	樓	平	歡	爬	屋

詞語練習						
	住ㄓㄨˋ在ㄗㄞˋ	樓ㄌㄡˊ梯ㄊㄧ	平ㄆㄧㄥˊ滑ㄏㄨㄚˊ	喜ㄒㄧˇ歡ㄏㄨㄢ	爬ㄆㄚˊ山ㄕㄢ	屋ㄨ頂ㄉㄧㄥˇ
	。	。	。	。	。	。
	。	。	。	。	。	。

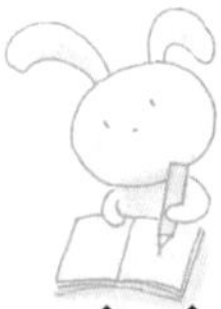

(一) 寫一寫注音

1. 高高的 樓 房
2. 寬 大的衣服
3. 躺 在草地上
4. 爬 上樓頂看月亮
5. 我住在 頂 樓
6. 屋 子裡有五個人

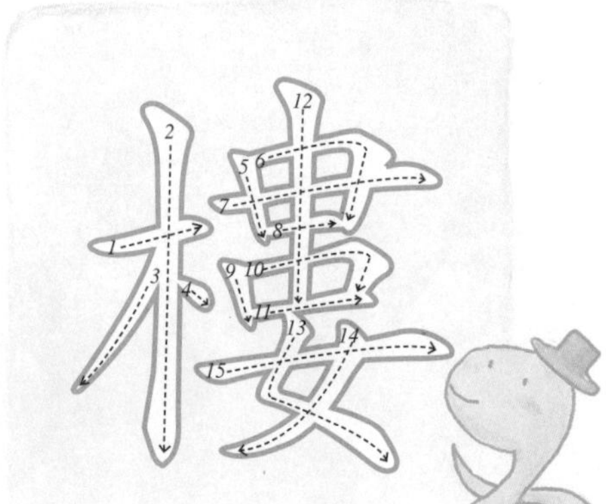

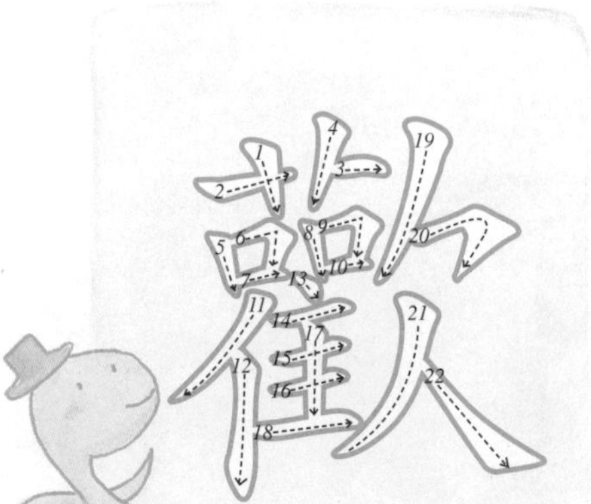

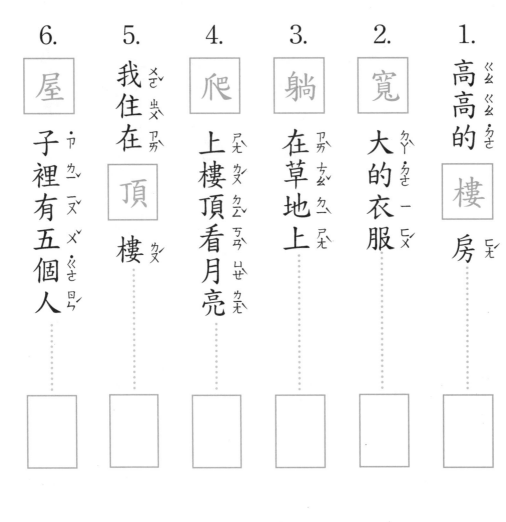

（二）選一選 ㄒㄩㄢˇ ㄧ ㄒㄩㄢˇ

1. 我 ㄨㄛˇ
（住 住往）
在房子裡。 ㄗㄞˋ ㄈㄤˊ ˙ㄗ ㄌㄧˇ

2. 弟弟 ㄉㄧˋ ˙ㄉㄧ
（躺 躺倘）
在椅子上。 ㄗㄞˋ ㄧˇ ˙ㄗ ㄕㄤˋ

3. 妹妹 ㄇㄟˋ ㄇㄟˋ
（嘻歡 喜歡）
吃李子。 ㄔ ㄌㄧˇ ˙ㄗ

4. 樓梯 ㄌㄡˊ 梯弟
很滑。 ㄏㄣˇ ㄏㄨㄚˊ

5. 屋頂 ㄨ 頂等
上長出草來了。 ㄕㄤˋ ㄓㄤˇ ㄔㄨ ㄘㄠˇ ㄌㄞˊ ˙ㄌㄜ

6. 爬把
山不能帶太多東西。 ㄕㄢ ㄅㄨˋ ㄋㄥˊ ㄉㄞˋ ㄊㄞˋ ㄉㄨㄛ ㄉㄨㄥ ˙ㄒㄧ

十二　唱歌

訂正

生字	注音	部首	筆畫
句	ㄐㄩˋ	口 ㄎㄡˇ	5
過	ㄍㄨㄛˋ	辵 ㄔㄨㄛˋ	13
微	ㄨㄟˊ	彳 ㄔˋ	13
穿	ㄔㄨㄢ	穴 ㄒㄩㄝˊ	9
輕	ㄑㄧㄥ	車 ㄔㄜ	14
跟	ㄍㄣ	足 ㄗㄨˊ	13

生字練習

句　過　微　穿　輕　跟

詞語練習

詞語	注音
句號	ㄐㄩˋ ㄏㄠˋ
溜過	ㄌㄧㄡ ㄍㄨㄛˋ
微風	ㄨㄟˊ ㄈㄥ
穿進	ㄔㄨㄢ ㄐㄧㄣˋ
輕便	ㄑㄧㄥ ㄅㄧㄢˋ
跟著	ㄍㄣ ˙ㄓㄜ

(一)找一找部首

1. 把手部的字圈起來

林 找 屋 拉 妙 沙 扶

2. 把木部的字圈起來

風 林 起 樹 數 校 梨

3. 把走部的字圈起來

跑 要 過 近 跟 雀 進

(二) 猜一猜

1. 兩根木頭在一起 （　　）
2. 主人 （　　）
3. 走一里　穿一件衣服 （　　）
4. 十個人 （　　）
5. 喬先生拿木頭 （　　）

什　林　裡　住　橋

MW00747860

【全新版】華語習作A本第二冊

總 主 編◎蘇月英
編撰委員◎蘇月英、李春霞、胡曉英、詹月現、蘇　蘭
吳建衛、夏婉雲、鄒敦怜、林麗麗、林麗眞
責任編輯◎胡琬瑜
插　　畫◎張振松、江儀玲、江長芳、利曉文、鄭巧俐
美術設計◎利曉文
封面設計◎賴佳玲
發 行 人◎曾高燦
出版發行◎流傳文化事業股份有限公司
地　　址◎(231)新北市新店區復興路43號4樓
電　　話◎(02)8667-6565
傳　　眞◎(02)2218-5172
郵撥帳號◎19423296
網　　址◎http://www.ccbc.com.tw
E-mail:service@ccbc.com.tw
香港分公司◎集成圖書有限公司 — 香港皇后大道中283號聯威商業中心8字樓C室
TEL：(852)23886172-3．FAX：(852)23886174
美國辦事處◎中華書局 — 135-29 Roosevelt Ave. Flushing, NY 11354 U.S.A.
TEL：(718)3533580．FAX：(718)3533489
日本總經銷◎光儒堂 — 東京都千代田區神田神保町一丁目五六番地
TEL：(03)32914344．FAX：(03)32914345

出版日期◎西元 2002 年 5 月臺初版（50011）
西元 2004 年 3 月臺二版（50025）
西元 2010 年 4 月臺三版一刷
西元 2012 年 3 月臺三版三刷
印　　刷◎世新大學出版中心

分類號碼◎802.85.065
ISBN 978-986-7397-41-6

定　　價：60元